1

Learning Therapy

학생용 워크북

학습치료 프로그램

학습동기 향상 전략

최정원 · 이영호 공저

학지사

머리말

좋은 학업 성취를 위해서는 평균 이상의 지능, 학습능력, 공부에 필요한 구체적인 인지적 기술을 적절히 갖추고 있어야 한다. 이와 아울러 학습에 대한 긍정적인 생각과 태도, 목표의식, 동기 수준, 안정감, 자기 조절, 좌절을 견디는 힘, 노력과 끈기, 유연하고 창의적인 사고 및 자율성 등의 심리적 특성도 매우 중요하다.

예컨대, 지능이 우수하다고 할지라도 학습 동기가 부족하다면 결과적으로 좋은 성적을 거두기 어렵다. 또한, 지능과 학습 동기는 충분하지만 시험불안이 높은 경우와 학교, 또래관계 및 가족관계 등에서 스트레스와 심리적 불편감이 심한 경우에는 학습능률이 저하되며, 따라서 능력 발휘의 기회는 제한될 수밖에 없다.

학습치료 프로그램의 목표는 이와 같이 학업 성취에 영향을 미치는 다양한 원인들 간의 복합적인 관계를 파악하고 교정하여, 학업성취도를 향상시킬 수 있도록 하는 것이다. 이 프로그램은 총 12개 영역으로 구성되어 있으며, 그 내용은 다음과 같다.

1. 학습동기 향상 전략
2. 주의집중력 향상 전략
3. 기억력 향상 전략
4. 효과적인 읽기 및 필기 전략
5. 사고력 향상 전략
6. 효과적인 외국어 학습 전략 : 영어
7. 수학적 문제해결 전략
8. 기초학습능력 향상 전략
9. 시험불안 다루기 전략
10. 시험 전략
11. 효과적인 시간 및 공간 관리 전략
12. 학업 스트레스 관리 전략

공부를 왜 하는가라는 질문에 대해서 학생들은 어떤 대답을 할 수 있을까? 부모님이나 선생님이 하라고 해서, 혹은 막연히 해야 할 것 같아서, 남들도 하니까, 좋은 대학에 가기 위해서라는 답을 자주 듣게 된다. 이 말도 틀리지는 않으나, 다년간 학습을 지속해 나가기 위해서는 이 이상의 무엇이 필요하다. 새로운 것을 탐색하고 학습해 나가는 것은 인간이 갖고 있는 기본 욕구 중의 하나다. 학습이라는 것은 사실적 지식이나 정보의 습득, 교과목에서의 우수한 성적을 거두는 것, 목표로 하는 대학에 진학하는 것 등에 한정된 것이 아니라, 다양한 욕구를 표현하고 이를 실현해 나가는 과정이라고도 할 수 있다. 자신이 원하는 바가 무엇이며, 그것을 이루기 위해서 무엇을 해야 하고, 또 어떻게 해야 할지 아는 것은 자신의 능력과 잠재력을 최대한 발휘할 수 있도록 할 뿐 아니라 행복에 이르는 길이기도 하다.

이러한 관점에서 학습동기 향상 전략은 학습에 대한 필요성과 목표를 확인하고, 동기 문제와 관련된 이유들을 탐색한 후, 새로운 각오를 다지고 실천해 보는 노력을 통해 저하된 학습동기를 단계적으로 향상시키는 것을 목표로 한다. 프로그램은 크게 목표 및 가치의 인식, 학습동기를 위한 실천 방안, 자기 이해의 장으로 구성되어 있으며, 세부 활동별로 13개의 프로그램이 포함되어 있다. 자기 이해의 장에서는 흥미, 장단점, 지적 특성, 습관, 자신을 정확하게 보기 등의 내용들이 제시되어 있으며, 자신을 부정적으로 보게 만드는 원인, 진실한 나를 찾기 위한 여행에서 학습동기와 관련된 관계 및 감정적 문제들을 탐색해 나갈 수 있다.

2006년 7월

저자대표 최 정 원

e-mail: wise-mind@hanmail.net

차례

학습동기 향상 전략

1. 목표 및 가치의 인식

2. 학습동기를 높이기 위한 실천 방안

3. 자기 이해의 장

학생용 워크북

학습치료 프로그램

학습동기 향상 전략

1. 목표 및 가치의 인식
2. 학습동기를 높이기 위한 실천 방안
3. 자기 이해의 장

학습동기 향상 프로그램의 내용 및 세부 활동

프로그램의 내용	세부 활동	
목표 및 가치의 인식	내가 공부하는 이유는?	
	내가 좋아하는 것들은?	
학습동기를 높이기 위한 실천 방안	학습동기를 높이기 위한 여섯 개의 관문	• 나의 소망 확인하기 • 미래를 위한 프로젝트 계획하기 • 실천하고 누리기 • 방해물 탐색하기 • 책임감의 열쇠 쥐기 • 다시 시작하는 용기 보여주기
자기 이해의 장	자기를 비추어 주는 다섯 개의 거울	• 흥미 • 나의 장단점 바로 알기 • 나의 지적 특성 파악하기 • 나의 습관 분석하기 • 자신을 정확하게 보기

1. 목표 및 가치의 인식

1) 내가 공부하는 이유는?

어렵고 힘든 공부를 해야 하는 이유는 무엇입니까? 다음의 내용을 읽고 자신에게 해당되는 것에 ✓ 표시해 보세요. 그리고 여러분 각자가 중요하다고 생각하는 순서대로 순위를 매겨 보세요.

- ☐ 부모님이 원하시니까
- ☐ 해야만 하는 거니까
- ☐ 나중에 잘살기 위해
- ☐ 사회적으로 인정받기 위해
- ☐ 경쟁에서 뒤지지 않기 위해
- ☐ 남들도 다 하니까
- ☐ 공부를 못하면 남들이 무시하니까
- ☐ 돈을 많이 벌기 위해
- ☐ 훌륭한 사람이 되기 위해
- ☐ 내 꿈을 이루는 데 필요하니까
- ☐ 내가 원하는 것(구체화된)을 이루는 데 필요한 과정이니까
- ☐ 새로운 것을 배워 가는 것 자체가 종종 즐거우니까
- ☐ 사는 데 도움이 되니까

기타의 이유

- ☐ ....
- ☐ ....
- ☐ ....

2) 내가 좋아하는 것들은?

자신이 좋아하는 사람, 하고 싶은 일, 취미, 활동, 노래, 음식, 물건 그 어떤 것이라도 좋습니다. 마음껏 적어 보세요.

예

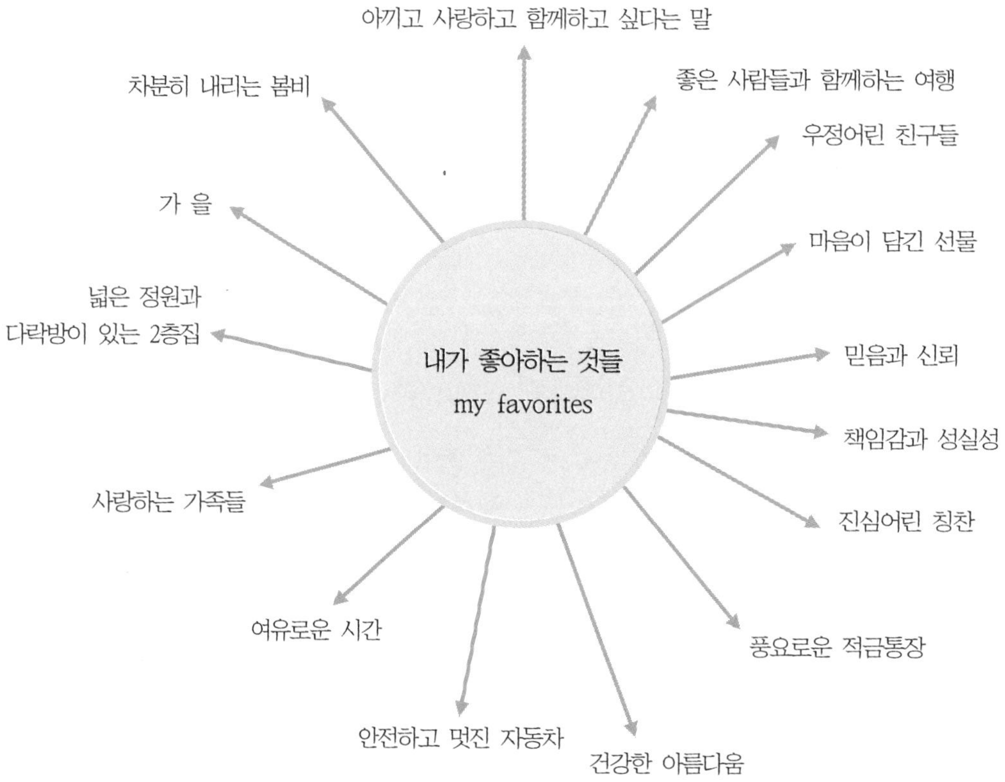

내가 좋아하는 것들
my favorites

2. 학습동기를 높이기 위한 실천 방안

1) 학습동기를 높이기 위한 여섯 개의 관문

(1) 첫 번째 관문 : 나의 소망 확인하기

소망이라는 것은 꿈을 말합니다. 그것은 우리가 좋아하고 원하는 삶의 모습과 크게 다르지 않습니다. 앞에서 작성한 '내가 좋아하는 것들' 의 내용을 살펴보세요. 그 안에 소망이 담겨 있습니다.

여러분이 원하는 것은 어떤 특징을 지니고 있나요? 그 내용이 많은가요? 적은가요? 분명한가요? 불분명한가요? 물질적인 것들인가요? 마음에 충만함을 줄 수 있는 것들인가요? 순간의 즐거움을 주는 것들인가요? 깊은 만족과 오랜 편안함을 줄 수 있는 것들인가요? 삶에 도움을 주는 것들인가요?

현재의 어려움을 견디고 참아 낼 수 있는 것은 미래에 대한 기대와 소망을 갖고 있기 때문입니다. 그 소망이 얼마나 중요한 것이냐에 따라 어려움을 참아 낼 수 있는 힘도 그만큼 커집니다. 중요하지 않는 일을 위해 자신의 인생과 목숨을 거는 사람은 없듯이, 여러분이 공부를 하는 이유를 갖지 않으면 노력을 기울이기 어렵게 됩니다.

십수년이 넘는 길고 힘겨운 학업의 과정을 잘 밟아 나가기 위해서는 우선 자신이 무엇을 원하고 있는지, 그것이 얼마나 중요하고 가치가 있는 것인지 확인해야 합니다.

한 주 동안 지내면서 자신이 진정 원하는 것이 무엇인지, 그것은 자신에게 무엇을 의미하는지, 얼마나 중요한 것인지 생각해 보는 시간을 가져 보세요.

이상적인 나의 모습

자신이 원하는 10년, 20년 후의 모습을 상상해 보세요. 자신이 하는 일, 가족의 수, 살고 있는 집, 여가 및 취미생활, 하루 일과 등을 구체적으로 생각해서 적어 보세요.

내 삶의 방향 : 내 인생에 있어서 중요한 것

다음 내용을 읽고 자신의 인생에 있어서 중요하다고 생각되는 것의 순서대로 번호를 매겨 보세요. 중요한 정도가 비슷하다면 3개에 한하여 같은 번호를 매기셔도 됩니다. 만약, 추가하고 싶은 내용이 있다면 직접 적고 순위를 매기세요.

- ☐ 사랑
- ☐ 성공
- ☐ 권력
- ☐ 창의성
- ☐ 부(재력)
- ☐ 인정
- ☐ 아름다움
- ☐ 우정
- ☐ 신의(믿음)
- ☐ 건강
- ☐ 정의
- ☐ 성실성
- ☐ 진실
- ☐ 윤리와 도덕성
- ☐ 충성심
- ☐ 박애와 희생정신
- ☐ 실력
- ☐ 정직
- ☐ 종교
- ☐ 도전과 쟁취
- ☐ 평화
- ☐ 안정감
- ☐ 리더십
- ☐ 개혁
- ☐ 지혜
- ☐ 평등(공정성)
- ☐ 여유
- ☐ 쾌락
- ☐ 능력과 기술
- ☐ 선의
- ☐ 아량과 관대함
- ☐ 자율과 독립
- ☐
- ☐

가장 중요하다고 선택한 세 가지를 적고, 그 이유를 기록해 보세요.

1

이유 :

2

이유 :

3

이유 :

가장 중요하지 않다고 선택한 세 가지를 적고, 그 이유를 기록해 보세요.

1

이유 :

2

이유 :

3

이유 :

다음 중 자신이 중요하다고 선택한 것을 가장 잘 이룰 수 있다고 생각되는 직업을 세 가지만 찾아 적어 보세요.

교수	심리학자	작가	회계사
사업가	기자	연예인	형사/경찰
판사	공무원	의사	무용가
검사	아나운서	음악가	간호사
교사	과학자	미술가	성직자
프로그래머	사무원	회사원	운동선수
상담가	발명가	군인	노무사
금융전문가	은행원	엔지니어	작곡가
언론인	영화감독	세무사	공인중개사
수의사	비행사	여행가	변호사
원예사	판매원	약사	소방관
모델	조련사	디자이너	건축가
요리사	미용사/코디네이터	연구원	코치
농업/어업	사진작가	큐레이터/사서	호텔리어
정치인	변리사	보험설계사	프로게이머

내가 선택한 직업은?

1 ______

2 ______

3 ______

자신이 선택한 직업 세 가지에 적합한 학력, 능력과 재능, 성격, 기술 등을 생각해서 적어 보세요. 정확한 정보를 얻기 위해서는 인터넷을 활용하여 조사해 보세요.

직 업	학 력	능력과 재능, 성격, 기술

내가 진정 원하는 것을 발견하기 위한 시간

발견을 위한 질문

- 내가 원하고 바라는 것은 무엇인가?
- 그것이 내게 무엇을 의미하나?
- 내 인생에 있어 얼마나 중요한가?

원하는 것	의 미	중요성 (10점에서 100점까지)

(2) 두 번째 관문 : 미래를 위한 프로젝트 계획하기

자신이 원하는 삶의 모습, 인생에 있어서 중요하다고 선택한 가치, 이를 이룰 수 있는 직업을 생각해 보았다면 그 다음 관문은 구체적인 목표를 세우는 일입니다. 최종 목표는 여러분 자신이 원하는 삶입니다. 단기 목표는 1년 혹은 한 학기 계획일 수 있습니다. 세부 목표는 오늘부터 당장 실천할 수 있는 작은 일들입니다.

나의 인생 설계하기

앞에서 살펴본 내용을 참조로 하여 자신의 인생 설계서를 작성해 보세요.

나의 인생 설계서	
나에게 중요한 가치	
내가 원하는 직업	
이 직업을 위해 필요한 학력	
이 직업에 필요한 능력과 재능, 성격, 기술	
나의 자산과 보완점	

지금의 내 생활 들여다보기

요즈음 자신의 일과를 그려 보고 점검해 보세요.

1 시간을 계획하고 있나?
2 스스로 공부하는 시간은 얼마나 되나?
3 수면 시간은?
4 식사, 운동을 규칙적으로 하고 있나?
5 휴식과 놀이, 공부 시간이 균형 있게 짜여져 있나?
6 TV 시청이나 컴퓨터 사용 시간은?
7 낭비하고 있는 시간은?
8 복습하는 시간은?
9 걱정과 고민하는 시간은?
10 친구들과 어울리는 시간은?

미래를 위한 프로젝트 : 한 학기 목표와 일일 행동 지침(예)

자신의 일과를 점검하면서 개선해야 할 점을 찾았나요? 이제 새로운 각오와 함께 구체적인 생활 계획표를 작성해 보세요. 아래에 제시된 한 학기 목표와 그것을 이루기 위한 일일 행동 지침의 예를 살펴보고, 미래를 위한 프로젝트를 준비해 보세요.

한 학기 목표	• 평균 10점 올리기 • '기본 수학의 정석' 1학년 수준까지 숙달 • '맨투맨 기본 영어' 숙달 • 필독서 10권 읽기								
일일 행동 지침에 대해 매일 스스로 평가하세요. (5점 : 매우 잘했다, 4점 : 잘했다, 3점 : 보통, 2점 : 못했다, 1점 : 매우 못했다)									항목별총점
일일 행동 지침	내 용	월	화	수	목	금	토	일	
	20분 일찍 학교에 도착해서 영어 단어 10개 암기하기(휴일 아침에는 한 주 동안 암기한 것을 복습하기)	3	4	4	3	3	4	4	25
	수업 내용에 집중하기 (휴일에는 정해 놓은 공부 시간에 집중하기)	3	4	4	3	2	4	3	23
	핵심 내용은 잘 적어 두기 (휴일에는 노트한 내용을 수정하기)	4	4	3	4	2	4	3	24
	방과 후에 그날 배운 내용을 복습하기 (휴일에는 한 주 동안 배운 내용을 복습하기)	2	3	3	3	2	4	4	21
	잠자리에 들기 전 30분 동안 일과를 정리하고 내일을 준비하기	4	4	4	3	4	4	4	27
실천 소감	5점이 하나도 없다니... 처참하다. 특히, 금요일은 너무했다. 왜 그랬을까? 그래도 잠자리에서 하루를 정리하고 평가하니까 뭔가 하는 것 같은 느낌이 든다. / 요일별총점	16	19	18	16	13	20	18	120
코멘트	일과 확인은 대체로 잘했구나. 또 산만해질 수 있는 주말에 오히려 실천을 잘했는데? 복습이 가장 힘이 들었구나. 아직 습관이 잘 안 되어서 그럴 거야. 또 금요일 하루는 실천이 가장 잘 안 된 모양인데, 네가 의식하고 있으니 더 나아질 수 있으리라고 기대한다.								

미래를 위한 프로젝트 : 한 학기 목표와 일일 행동 지침

<table>
<tr><td>한
학기
목표</td><td colspan="9"></td></tr>
<tr><td colspan="9">일일 행동 지침에 대해 매일 스스로 평가하세요.
(5점 : 매우 잘했다, 4점 : 잘했다, 3점 : 보통, 2점 : 못했다, 1점 : 매우 못했다)</td><td rowspan="2">항목별총점</td></tr>
<tr><td rowspan="6">일일
행동
지침</td><td>내 용</td><td>월</td><td>화</td><td>수</td><td>목</td><td>금</td><td>토</td><td>일</td></tr>
<tr><td></td><td></td><td></td><td></td><td></td><td></td><td></td><td></td><td></td></tr>
<tr><td></td><td></td><td></td><td></td><td></td><td></td><td></td><td></td><td></td></tr>
<tr><td></td><td></td><td></td><td></td><td></td><td></td><td></td><td></td><td></td></tr>
<tr><td></td><td></td><td></td><td></td><td></td><td></td><td></td><td></td><td></td></tr>
<tr><td></td><td></td><td></td><td></td><td></td><td></td><td></td><td></td><td></td></tr>
<tr><td>실천
소감</td><td>요일별총점</td><td></td><td></td><td></td><td></td><td></td><td></td><td></td><td></td></tr>
<tr><td>코
멘
트</td><td colspan="9"></td></tr>
</table>

미래를 위한 프로젝트 : 한 학기 목표와 일일 행동 지침

한 학기 목표									
일일 행동 지침에 대해 매일 스스로 평가하세요. (5점 : 매우 잘했다, 4점 : 잘했다, 3점 : 보통, 2점 : 못했다, 1점 : 매우 못했다)									항목별총점
일일 행동 지침	내 용	월	화	수	목	금	토	일	
실천 소감	요일별총점								
코멘트									

미래를 위한 프로젝트 : 한 학기 목표와 일일 행동 지침

<table>
<tr><td>한
학기
목표</td><td colspan="10"></td></tr>
<tr><td colspan="9">일일 행동 지침에 대해 매일 스스로 평가하세요.
(5점 : 매우 잘했다, 4점 : 잘했다, 3점 : 보통, 2점 : 못했다, 1점 : 매우 못했다)</td><td rowspan="2">항목별총점</td></tr>
<tr><td rowspan="6">일일
행동
지침</td><td colspan="2">내 용</td><td>월</td><td>화</td><td>수</td><td>목</td><td>금</td><td>토</td><td>일</td></tr>
<tr><td colspan="2"></td><td></td><td></td><td></td><td></td><td></td><td></td><td></td><td></td></tr>
<tr><td colspan="2"></td><td></td><td></td><td></td><td></td><td></td><td></td><td></td><td></td></tr>
<tr><td colspan="2"></td><td></td><td></td><td></td><td></td><td></td><td></td><td></td><td></td></tr>
<tr><td colspan="2"></td><td></td><td></td><td></td><td></td><td></td><td></td><td></td><td></td></tr>
<tr><td colspan="2"></td><td></td><td></td><td></td><td></td><td></td><td></td><td></td><td></td></tr>
<tr><td>실천
소감</td><td></td><td>요일별총점</td><td></td><td></td><td></td><td></td><td></td><td></td><td></td><td></td></tr>
<tr><td>코
멘
트</td><td colspan="10"></td></tr>
</table>

미래를 위한 프로젝트 : 한 학기 목표와 일일 행동 지침

한 학기 목표									
일일 행동 지침에 대해 매일 스스로 평가하세요. (5점 : 매우 잘했다, 4점 : 잘했다, 3점 : 보통, 2점 : 못했다, 1점 : 매우 못했다)									항목별총점
일일 행동 지침	내 용	월	화	수	목	금	토	일	
실천 소감	요일별총점								
코멘트									

미래를 위한 프로젝트 : 한 학기 목표와 일일 행동 지침

한 학기 목표										
일일 행동 지침에 대해 매일 스스로 평가하세요. (5점 : 매우 잘했다, 4점 : 잘했다, 3점 : 보통, 2점 : 못했다, 1점 : 매우 못했다)										항목별총점
일일 행동 지침	내 용		월	화	수	목	금	토	일	
실천 소감		요일별총점								
코멘트										

미래를 위한 프로젝트 : 한 학기 목표와 일일 행동 지침

<table>
<tr><td>한
학기
목표</td><td colspan="10"></td></tr>
<tr><td colspan="10">일일 행동 지침에 대해 매일 스스로 평가하세요.
(5점 : 매우 잘했다, 4점 : 잘했다, 3점 : 보통, 2점 : 못했다, 1점 : 매우 못했다)</td><td rowspan="2">항목별총점</td></tr>
<tr><td rowspan="6">일일
행동
지침</td><td colspan="2">내 용</td><td>월</td><td>화</td><td>수</td><td>목</td><td>금</td><td>토</td><td>일</td></tr>
<tr><td colspan="2"></td><td></td><td></td><td></td><td></td><td></td><td></td><td></td><td></td></tr>
<tr><td colspan="2"></td><td></td><td></td><td></td><td></td><td></td><td></td><td></td><td></td></tr>
<tr><td colspan="2"></td><td></td><td></td><td></td><td></td><td></td><td></td><td></td><td></td></tr>
<tr><td colspan="2"></td><td></td><td></td><td></td><td></td><td></td><td></td><td></td><td></td></tr>
<tr><td colspan="2"></td><td></td><td></td><td></td><td></td><td></td><td></td><td></td><td></td></tr>
<tr><td>실천
소감</td><td></td><td>요일별총점</td><td></td><td></td><td></td><td></td><td></td><td></td><td></td><td></td></tr>
<tr><td>코
멘
트</td><td colspan="10"></td></tr>
</table>

미래를 위한 프로젝트 : 한 학기 목표와 일일 행동 지침

한 학기 목표									
일알 행동 지침에 대해 매일 스스로 평가하세요. (5점 : 매우 잘했다, 4점 : 잘했다, 3점 : 보통, 2점 : 못했다, 1점 : 매우 못했다)									항목별총점
일일 행동 지침	내 용	월	화	수	목	금	토	일	
실천 소감	요일별총점								
코멘트									

미래를 위한 프로젝트 : 한 학기 목표와 일일 행동 지침

한 학기 목표									
일일 행동 지침에 대해 매일 스스로 평가하세요. (5점 : 매우 잘했다, 4점 : 잘했다, 3점 : 보통, 2점 : 못했다, 1점 : 매우 못했다)									항목별총점
일일 행동 지침	내 용	월	화	수	목	금	토	일	
실천 소감	요일별총점								
코멘트									

미래를 위한 프로젝트 : 한 학기 목표와 일일 행동 지침

한 학기 목표									
일일 행동 지침에 대해 매일 스스로 평가하세요. (5점 : 매우 잘했다, 4점 : 잘했다, 3점 : 보통, 2점 : 못했다, 1점 : 매우 못했다)									항목별총점
일일 행동 지침	내 용	월	화	수	목	금	토	일	
실천 소감	요일별총점								
코멘트									

미래를 위한 프로젝트 : 한 학기 목표와 일일 행동 지침

<table>
<tr><td>한 학기 목표</td><td colspan="9"></td></tr>
<tr><td colspan="9">일일 행동 지침에 대해 매일 스스로 평가하세요.
(5점 : 매우 잘했다, 4점 : 잘했다, 3점 : 보통, 2점 : 못했다, 1점 : 매우 못했다)</td><td rowspan="2">항목별총점</td></tr>
<tr><td rowspan="6">일일 행동 지침</td><td>내 용</td><td>월</td><td>화</td><td>수</td><td>목</td><td>금</td><td>토</td><td>일</td></tr>
<tr><td></td><td></td><td></td><td></td><td></td><td></td><td></td><td></td><td></td></tr>
<tr><td></td><td></td><td></td><td></td><td></td><td></td><td></td><td></td><td></td></tr>
<tr><td></td><td></td><td></td><td></td><td></td><td></td><td></td><td></td><td></td></tr>
<tr><td></td><td></td><td></td><td></td><td></td><td></td><td></td><td></td><td></td></tr>
<tr><td></td><td></td><td></td><td></td><td></td><td></td><td></td><td></td><td></td></tr>
<tr><td>실천 소감</td><td>   요일별총점</td><td></td><td></td><td></td><td></td><td></td><td></td><td></td><td></td></tr>
<tr><td>코멘트</td><td colspan="9"></td></tr>
</table>

미래를 위한 프로젝트 : 한 학기 목표와 일일 행동 지침

한 학기 목표									
일일 행동 지침에 대해 매일 스스로 평가하세요. (5점 : 매우 잘했다, 4점 : 잘했다, 3점 : 보통, 2점 : 못했다, 1점 : 매우 못했다)									항목별총점
일일 행동 지침	내 용	월	화	수	목	금	토	일	
실천 소감	요일별총점								
코멘트									

미래를 위한 프로젝트 : 한 학기 목표와 일일 행동 지침

한 학기 목표									
일일 행동 지침에 대해 매일 스스로 평가하세요. (5점 : 매우 잘했다, 4점 : 잘했다, 3점 : 보통, 2점 : 못했다, 1점 : 매우 못했다)									항목별총점
일일 행동 지침	내 용	월	화	수	목	금	토	일	
실천 소감	요일별총점								
코멘트									

(3) 세 번째 관문 : 실천하고 누리기

일생을 살아가면서 꼭 한 번은 반드시 사막을 여행해야만 한다고 가정해 보세요. 보이는 것이라곤 오로지 끝없이 펼쳐진 모래뿐이고, 무덥고 지치고 갈증나며, 홀로 해야 하기 때문에 더더욱 외롭고 두려운 그런 사막을 말입니다.

끝도 한도 없이 펼쳐지는 모래 사막을 몇 년간 헤쳐 나가야 할 때, 만약 맑은 물이 솟아나고 더위를 식힐 수 있는 오아시스를 종종 발견할 수 없다면 여행은 너무 고된 것이 되고 어쩌면 임무를 완수할 수 없을지도 모릅니다.

사막의 오아시스와 같은 존재가 여러분이 노력한 후에 누릴 수 있는 휴식과 즐겨하는 활동들입니다.

장기적인 여행의 목표를 정하고 그것을 이루기 위한 약속을 잘 실천하기 위해 노력했다면, 그 다음은 자신이 누리고 싶은 일을 찾아 즐기세요.

하고 싶었던 일을 하거나(친구들과 놀러가기, 콘서트 구경 등), 평소 갖고 싶었던 물건(파카 볼펜, 음악 CD 등)을 구입하는 것 등이 한 예입니다. 물론, 용돈이나 시간이 충분하지는 않겠지만, 허락되는 한도 내에서 그렇게 하세요.

한 가지 기억해야 할 것은 이것 역시 단계적으로 계획해야 한다는 것입니다. 다음의 예에 제시된 것들을 참고로 자신의 오아시스 목록을 작성해 보세요.

실천하고 누리기(예)

내가 원하고 즐기고 싶은 것들은…	
단기 (주 단위)	• 용돈 • 좋아하는 TV 프로그램 시청 • 5천 원 미만의 선물(예 : 색연필, 필통, 액세서리, 공책, 책, 놀이용품) • 취미활동을 위한 시간 • 일정량의 자유 시간
중기 (월 단위)	• 만 원 대의 선물(예 : 좋아하는 가수의 앨범, 스포츠 가방, 책) • 가족과의 외식 • 친구들과 놀이공원 가기, 차 마시기, 파티 • 영화 관람, 음악 감상 • 시내 나들이와 쇼핑 • 일정량의 자유 시간
장기 (연 단위)	• 10만 원 대 혹은 그 이상의 선물(예 : MP3, 컴퓨터 업그레이드, 가구) • 가족 혹은 친구들과의 여행 • 취미와 관련된 활동과 정규적인 참여 • 자기 개발을 위한 기회(예 : 어학연수, 캠프) • 마이카 • 대학 진학 • 이성 친구 • 해외여행 • 대학 교수 되기 • 나만의 독립적인 공간/멋진 집 • 결혼 • 사회적 성공 • 자기 만족, 행복, 여유, 기쁨

실천하고 누리기

내가 원하고 즐기고 싶은 것들은…	
단기 (주 단위)	
중기 (월 단위)	
장기 (연 단위)	

(4) 네 번째 관문 : 방해물 탐색하기

네 번째 관문은 약속 실천을 어렵게 하는 요인들을 탐색하는 것입니다. 약속과 계획을 실천해 나가는 것을 방해하는 요인들은 크게 내적인 이유와 외적인 이유로 나눠볼 수 있습니다.

내적인 이유는 자신의 생각, 감정, 태도 및 행동과 관련된 것입니다. 예를 들면, 마음가짐, 습관, 의욕 부족, 주의집중력 부족, 이해력 부족, 책임감과 성실한 자세를 유지하는 데 있어서의 어려움, 게으름 또는 건강상의 문제 등입니다. 외적인 이유는 공부와 집중을 방해할 만한 환경이나 생활 사건과 관련된 것입니다. 예를 들면, 이사, 전학, 크고 작은 사고, 다툼 등이 있습니다.

이제 여러분 자신의 이유를 찾아볼 차례입니다.

실천을 어렵게 하는 방해물 탐색(예)

실천을 어렵게 하는 내적 이유	집중이 안 된다. 자꾸 딴 생각이 난다.
	내겐 …공부 내용이 너무 어렵다.
	끈기와 인내심이 부족한 것 같다.
	왠지 귀찮고 짜증스럽다. 해도 안 될 것 같다.
	불안하다. 시험이 걱정된다.
실천을 어렵게 하는 외적 이유	부모님의 잔소리가 너무 싫다. 얼굴만 보면 공부하라고 한다. 짜증나서 더 하기 싫다.
	친구들과 놀다보면 시간 가는 줄 모른다.
	공부방이 너무 지저분해서 공부할 맛이 안 난다.
	동생이 너무 시끄럽게 한다.
	왜 그렇게 잠이 오는지? 여름이라 그런가?

실천을 어렵게 하는 방해물 탐색

실천을 어렵게 하는 내적 이유	
실천을 어렵게 하는 외적 이유	

(5) 다섯 번째 관문 : 책임감의 열쇠 쥐기

다섯 번째 관문은 책임감이라는 열쇠를 스스로 쥐는 일입니다.

애완견을 키울 때 주인으로서의 애정과 책임감이 없다면 그들에게 사랑을 주지도, 음식을 주지도, 갈증을 해소해 주지도, 즐겁게 놀아 주지도, 병이 났을 때 치료해 주지도, 주변을 치워 주지도, 씻겨 주지도 않을 것입니다. 애완견은 영원히 홀로 독립할 수 없는 존재이므로 스스로 자신을 책임질 수 없으며, 그래서 전적으로 사람들에게 의존해 보살핌을 받습니다.

갓 태어난 아기도 이와 크게 다르지 않습니다. 그러나 사람은 성장과 함께 변화가 일어납니다. 초등학생이 되고 중학생이 되면 비록 성인은 아닐지라도, 전적으로 누군가로부터 돌봄을 받아야 하는 갓난아기와 같은 존재도 아닙니다. 조금씩 자신의 인생에 대해 스스로 책임질 준비를 해야 합니다. 영원히 어린아이로 남아 있고 싶지 않다면 말입니다.

이를 위해서 다음의 세 가지 사항을 기억하고 실천하세요.

첫 번째 : 말보다는 실천을 통해

실천을 통해서 자신이 책임감이 있다는 것을 증명하세요.
이를 위해 다음의 사실을 기억하세요.

1. 약속의 중요성을 기억한다.
2. 실천은 능력이 아니라 노력임을 잊지 않는다.
3. 백 마디 말보다 한 번의 실천이 값지다는 것을 안다.

1 앞으로 실천할 자신과의 약속 두 가지를 적어 보세요.

2 앞으로 실천할 부모님/선생님과의 약속 두 가지를 적어 보세요.

3 앞으로 실천할 친구와의 약속 두 가지를 적어 보세요.

두 번째 : 끊임없는 노력을 통해

책임감을 갖기 위해서는 끊임없는 노력이 필요합니다. 책임감은 여러분 자신이 성실하며, 믿을 수 있고, 진실성이 있다는 것을 알게 해 줍니다.
또한 책임감 있는 사람이 될 때, 다른 이들로부터 신뢰와 인정을 받게 되며, 그것은 여러분이 원하는 모든 성공을 위한 중요한 열쇠가 됩니다.

1 '노력'의 의미를 생각해 보고 그것이 왜 중요한지 이야기해 보세요.

2 노력하지 않아도 되는 일들이 무엇일지 이야기해 보세요.

3 스스로 노력해서 성공했던 경험을 이야기해 보세요.

세 번째 : 일상의 삶의 모습을 통해

과연 무엇이 책임감 있는 행동일까요?
책임감을 얻기 위해 뭔가 대단한 일을 할 필요는 없습니다. 책임감은 일상의 삶 안에서 바로 드러날 수 있는 것이니까요. 예를 들어, 학교에 잘 출석하고, 제때에 숙제를 해 내며, 약속을 소중히 여길 때 여러분이 그것을 증명해 주는 것입니다. 또한 실수를 인정하고 교정하려고 할 때, 앞으로 더 잘하겠다는 마음가짐을 증명해 주는 것입니다. 사사로운 일상적인 삶 안에서, 여러분이 존경받을 만하며 성공할 수 있는 사람이라는 것을 얼마든지 보여 줄 수 있습니다.

1 책임감이 있다고 생각되는 사람들은 어떤 특징을 지니고 있는지 이야기해 보세요.

2 언제 스스로 책임감이 있다고 느끼는지 이야기해 보세요.

3 학교 생활과 가정에서 지켜야 할 책임과 의무가 있다면 무엇일지 이야기해 보세요.

책임감의 열쇠 쥐기

앞으로 2주 동안 책임감을 얻기 위한 세 개의 열쇠를 실천해 보는 시간을 갖도록 하겠습니다. 각각의 내용에 대한 실천 정도를 0~100%로 기록하세요.

첫 번째 : 말보다는 실천을 통해

실천을 통해서 자신이 책임감이 있다는 것을 증명하세요.
이를 위해 다음의 사실을 기억하세요.

1. 약속의 중요성을 기억한다.
2. 실천은 능력이 아니라 노력임을 잊지 않는다.
3. 백 마디 말보다 한 번의 실천이 값지다는 것을 안다.

두 번째 : 끊임없는 노력을 통해

책임감을 갖기 위해서는 끊임없는 노력이 필요합니다. 책임감은 여러분 자신이 성실하며, 믿을 수 있고, 진실성이 있다는 것을 알게 해 줍니다.
또한 책임감 있는 사람이 될 때, 다른 이들로부터 신뢰와 인정을 받게 되며, 그것은 여러분이 원하는 모든 성공을 위한 중요한 열쇠가 됩니다.

세 번째 : 일상의 삶의 모습을 통해

과연 무엇이 책임감 있는 행동일까요?
책임감을 얻기 위해 뭔가 대단한 일을 할 필요는 없습니다. 책임감은 일상의 삶 안에서 바로 드러날 수 있는 것이니까요. 예를 들어, 학교에 잘 출석하고, 제때에 숙제를 해 내며, 약속을 소중히 여길 때 여러분이 그것을 증명해 주는 것입니다. 또한 실수를 인정하고 교정하려고 할 때, 앞으로 더 잘하겠다는 마음가짐을 증명해 주는 것입니다. 사사로운 일상적인 삶 안에서, 여러분이 존경받을 만하며 성공할 수 있는 사람이라는 것을 얼마든지 보여 줄 수 있습니다.

		월	화	수	목	금	토	일
실천 정도(0~100%)	1주							
실천 정도(0~100%)	2주							

책임감의 열쇠 쥐기

앞으로 2주 동안 책임감을 얻기 위한 세 개의 열쇠를 실천해 보는 시간을 갖도록 하겠습니다. 각각의 내용에 대한 실천 정도를 0~100%로 기록하세요.

첫 번째 : 말보다는 실천을 통해

실천을 통해서 자신이 책임감이 있다는 것을 증명하세요.
이를 위해 다음의 사실을 기억하세요.

1. 약속의 중요성을 기억한다.
2. 실천은 능력이 아니라 노력임을 잊지 않는다.
3. 백 마디 말보다 한 번의 실천이 값지다는 것을 안다.

두 번째 : 끊임없는 노력을 통해

책임감을 갖기 위해서는 끊임없는 노력이 필요합니다. 책임감은 여러분 자신이 성실하며, 믿을 수 있고, 진실성이 있다는 것을 알게 해 줍니다.
또한 책임감 있는 사람이 될 때, 다른 이들로부터 신뢰와 인정을 받게 되며, 그것은 여러분이 원하는 모든 성공을 위한 중요한 열쇠가 됩니다.

세 번째 : 일상의 삶의 모습을 통해

과연 무엇이 책임감 있는 행동일까요?
책임감을 얻기 위해 뭔가 대단한 일을 할 필요는 없습니다. 책임감은 일상의 삶 안에서 바로 드러날 수 있는 것이니까요. 예를 들어, 학교에 잘 출석하고, 제때에 숙제를 해 내며, 약속을 소중히 여길 때 여러분이 그것을 증명해 주는 것입니다. 또한 실수를 인정하고 교정하려고 할 때, 앞으로 더 잘하겠다는 마음가짐을 증명해 주는 것입니다. 사사로운 일상적인 삶 안에서, 여러분이 존경받을 만하며 성공할 수 있는 사람이라는 것을 얼마든지 보여 줄 수 있습니다.

		월	화	수	목	금	토	일
실천 정도(0~100%)	3주							
실천 정도(0~100%)	4주							

책임감의 열쇠 쥐기

앞으로 2주 동안 책임감을 얻기 위한 세 개의 열쇠를 실천해 보는 시간을 갖도록 하겠습니다. 각각의 내용에 대한 실천 정도를 0~100%로 기록하세요.

첫 번째 : 말보다는 실천을 통해

실천을 통해서 자신이 책임감이 있다는 것을 증명하세요.
이를 위해 다음의 사실을 기억하세요.

1. 약속의 중요성을 기억한다.
2. 실천은 능력이 아니라 노력임을 잊지 않는다.
3. 백 마디 말보다 한 번의 실천이 값지다는 것을 안다.

두 번째 : 끊임없는 노력을 통해

책임감을 갖기 위해서는 끊임없는 노력이 필요합니다. 책임감은 여러분 자신이 성실하며, 믿을 수 있고, 진실성이 있다는 것을 알게 해 줍니다.
또한 책임감 있는 사람이 될 때, 다른 이들로부터 신뢰와 인정을 받게 되며, 그것은 여러분이 원하는 모든 성공을 위한 중요한 열쇠가 됩니다.

세 번째 : 일상의 삶의 모습을 통해

과연 무엇이 책임감 있는 행동일까요?
책임감을 얻기 위해 뭔가 대단한 일을 할 필요는 없습니다. 책임감은 일상의 삶 안에서 바로 드러날 수 있는 것이니까요. 예를 들어, 학교에 잘 출석하고, 제때에 숙제를 해 내며, 약속을 소중히 여길 때 여러분이 그것을 증명해 주는 것입니다. 또한 실수를 인정하고 교정하려고 할 때, 앞으로 더 잘하겠다는 마음가짐을 증명해 주는 것입니다. 사사로운 일상적인 삶 안에서, 여러분이 존경받을 만하며 성공할 수 있는 사람이라는 것을 얼마든지 보여 줄 수 있습니다.

		월	화	수	목	금	토	일
실천 정도(0~100%)	5주							
실천 정도(0~100%)	6주							

책임감의 열쇠 쥐기

앞으로 2주 동안 책임감을 얻기 위한 세 개의 열쇠를 실천해 보는 시간을 갖도록 하겠습니다. 각각의 내용에 대한 실천 정도를 0~100%로 기록하세요.

첫 번째 : 말보다는 실천을 통해

실천을 통해서 자신이 책임감이 있다는 것을 증명하세요.
이를 위해 다음의 사실을 기억하세요.

1. 약속의 중요성을 기억한다.
2. 실천은 능력이 아니라 노력임을 잊지 않는다.
3. 백 마디 말보다 한 번의 실천이 값지다는 것을 안다.

두 번째 : 끊임없는 노력을 통해

책임감을 갖기 위해서는 끊임없는 노력이 필요합니다. 책임감은 여러분 자신이 성실하며, 믿을 수 있고, 진실성이 있다는 것을 알게 해 줍니다.
또한 책임감 있는 사람이 될 때, 다른 이들로부터 신뢰와 인정을 받게 되며, 그것은 여러분이 원하는 모든 성공을 위한 중요한 열쇠가 됩니다.

세 번째 : 일상의 삶의 모습을 통해

과연 무엇이 책임감 있는 행동일까요?
책임감을 얻기 위해 뭔가 대단한 일을 할 필요는 없습니다. 책임감은 일상의 삶 안에서 바로 드러날 수 있는 것이니까요. 예를 들어, 학교에 잘 출석하고, 제때에 숙제를 해 내며, 약속을 소중히 여길 때 여러분이 그것을 증명해 주는 것입니다. 또한 실수를 인정하고 교정하려고 할 때, 앞으로 더 잘하겠다는 마음가짐을 증명해 주는 것입니다. 사사로운 일상적인 삶 안에서, 여러분이 존경받을 만하며 성공할 수 있는 사람이라는 것을 얼마든지 보여 줄 수 있습니다.

		월	화	수	목	금	토	일
실천 정도(0~100%)	7주							
실천 정도(0~100%)	8주							

책임감의 열쇠 쥐기

앞으로 2주 동안 책임감을 얻기 위한 세 개의 열쇠를 실천해 보는 시간을 갖도록 하겠습니다. 각각의 내용에 대한 실천 정도를 0~100%로 기록하세요.

첫 번째 : 말보다는 실천을 통해

실천을 통해서 자신이 책임감이 있다는 것을 증명하세요.
이를 위해 다음의 사실을 기억하세요.

1. 약속의 중요성을 기억한다.
2. 실천은 능력이 아니라 노력임을 잊지 않는다.
3. 백 마디 말보다 한 번의 실천이 값지다는 것을 안다.

두 번째 : 끊임없는 노력을 통해

책임감을 갖기 위해서는 끊임없는 노력이 필요합니다. 책임감은 여러분 자신이 성실하며, 믿을 수 있고, 진실성이 있다는 것을 알게 해 줍니다.
또한 책임감 있는 사람이 될 때, 다른 이들로부터 신뢰와 인정을 받게 되며, 그것은 여러분이 원하는 모든 성공을 위한 중요한 열쇠가 됩니다.

세 번째 : 일상의 삶의 모습을 통해

과연 무엇이 책임감 있는 행동일까요?
책임감을 얻기 위해 뭔가 대단한 일을 할 필요는 없습니다. 책임감은 일상의 삶 안에서 바로 드러날 수 있는 것이니까요. 예를 들어, 학교에 잘 출석하고, 제때에 숙제를 해 내며, 약속을 소중히 여길 때 여러분이 그것을 증명해 주는 것입니다. 또한 실수를 인정하고 교정하려고 할 때, 앞으로 더 잘하겠다는 마음가짐을 증명해 주는 것입니다. 사사로운 일상적인 삶 안에서, 여러분이 존경받을 만하며 성공할 수 있는 사람이라는 것을 얼마든지 보여 줄 수 있습니다.

		월	화	수	목	금	토	일
실천 정도(0~100%)	9주							
실천 정도(0~100%)	10주							

책임감의 열쇠 쥐기

앞으로 2주 동안 책임감을 얻기 위한 세 개의 열쇠를 실천해 보는 시간을 갖도록 하겠습니다. 각각의 내용에 대한 실천 정도를 0~100%로 기록하세요.

첫 번째 : 말보다는 실천을 통해

실천을 통해서 자신이 책임감이 있다는 것을 증명하세요.
이를 위해 다음의 사실을 기억하세요.

1. 약속의 중요성을 기억한다.
2. 실천은 능력이 아니라 노력임을 잊지 않는다.
3. 백 마디 말보다 한 번의 실천이 값지다는 것을 안다.

두 번째 : 끊임없는 노력을 통해

책임감을 갖기 위해서는 끊임없는 노력이 필요합니다. 책임감은 여러분 자신이 성실하며, 믿을 수 있고, 진실성이 있다는 것을 알게 해 줍니다.
또한 책임감 있는 사람이 될 때, 다른 이들로부터 신뢰와 인정을 받게 되며, 그것은 여러분이 원하는 모든 성공을 위한 중요한 열쇠가 됩니다.

세 번째 : 일상의 삶의 모습을 통해

과연 무엇이 책임감 있는 행동일까요?
책임감을 얻기 위해 뭔가 대단한 일을 할 필요는 없습니다. 책임감은 일상의 삶 안에서 바로 드러날 수 있는 것이니까요. 예를 들어, 학교에 잘 출석하고, 제때에 숙제를 해 내며, 약속을 소중히 여길 때 여러분이 그것을 증명해 주는 것입니다. 또한 실수를 인정하고 교정하려고 할 때, 앞으로 더 잘하겠다는 마음가짐을 증명해 주는 것입니다. 사사로운 일상적인 삶 안에서, 여러분이 존경받을 만하며 성공할 수 있는 사람이라는 것을 얼마든지 보여 줄 수 있습니다.

		월	화	수	목	금	토	일
실천 정도(0~100%)	11주							
실천 정도(0~100%)	12주							

(6) 여섯 번째 관문 : 다시 시작하는 용기 보여 주기

여섯 번째 관문은 마지막 관문으로서, 실천을 어렵게 하는 여러 가지 방해물에도 흔들리거나 쓰러지지 않고 다시 시작하는 용기를 보여 주는 것입니다.

실패는 더 나은 곳으로 가기 위해 누구든 겪어야만 하는 과정입니다. 시행착오와 실수 없이 성공에 이르는 경우는 없습니다. 비록, 자신이 기대하고 계획한 대로 하지 못했다고 할지라도 좌절하지 않고, 다음 번에는 이보다 더 잘할 수 있다고 생각하며 일어서는 것이 진정한 용기를 보여 주는 것입니다.

용기는 여러분의 의지에 달려 있는 것이며, 좌절 상황에서 한 번씩 일어설 때마다 그만큼 성장한다는 것을 명심하세요.

3. 자기 이해의 장

1) 자기를 비추어 주는 다섯 개의 거울

(1) 첫 번째 거울 : 흥미

자신이 무엇을 좋아하고 무엇에 흥미를 느끼는지를 아는 것은 당장의 공부를 하는 데 있어서뿐 아니라 앞으로 전공이나 직업을 선택하는 데에도 매우 중요합니다. 다음에 제시된 질문에 대한 답을 통해 자신의 흥미가 무엇인지를 생각해 보세요.

흥미를 찾기 위한 질문

나는 어떤 과목을 좋아하나?	
나는 무슨 활동을 할 때 즐거움을 느끼나?	
내가 잘할 수 있을 것이라고 생각되는 일은?	
나는 어떤 직업에 관심을 갖고 있나?	
내가 자주 상상하는 미래의 나의 모습은?	

(2) 두 번째 거울 : 나의 장단점 바로 알기

여러분을 포함한 모든 사람들은 장점과 단점을 지니고 있습니다. 두 가지 모두 자신의 모습이지요. 자신의 장점과 단점을 정확히 파악하는 것은 명확한 비전을 갖도록 도우며, 또 잠재력을 최대한 발휘할 수 있도록 합니다.

나의 장단점 바로 알기

나의 장점	나의 단점

(3) 세 번째 거울 : 나의 지적 특성 파악하기

learning 특성 질문지

다음 질문을 읽고 해당되는 번호에 표시해 보세요.

지적 특성	거의 그렇지 않다	때때로 그렇다	자주 그렇다	항상 그렇다
나는 신체적 활동을 즐긴다.	1	2	3	4
나는 가만히 앉아 있는 것이 편하지 않다.	1	2	3	4
나는 행동을 통해 배우는 것을 좋아한다.	1	2	3	4
앉아 있을 때는 손이나 발을 움직인다.	1	2	3	4
나는 손으로 하는 일이 즐겁다.	1	2	3	4
나는 걸으면서 생각하거나 공부하는 것을 좋아한다.	1	2	3	4
		합산점수_______for B-K		
나는 지도 같은 것을 쉽게 만든다.	1	2	3	4
나는 내 생각을 설명할 때 그림이나 도표를 그린다.	1	2	3	4
나는 그림이나 도표로 된 내용들을 쉽게 이해한다.	1	2	3	4
나는 그림이나 사진을 즐긴다.	1	2	3	4
나는 긴 글을 읽는 것을 좋아하지 않는다.	1	2	3	4
나는 글보다는 그림을 그리는 것을 더 좋아한다.	1	2	3	4
		합산점수_______for V-s		

지적 특성	거의 그렇지 않다	때때로 그렇다	자주 그렇다	항상 그렇다
나는 이야기하는 것을 좋아한다.	1	2	3	4
나는 글쓰는 것을 좋아한다.	1	2	3	4
나는 독서를 좋아한다.	1	2	3	4
나는 명확하게 잘 표현한다.	1	2	3	4
나는 협상을 잘하는 편이다.	1	2	3	4
나는 흥미 있는 주제에 대하여 토론하는 것을 좋아한다.	1	2	3	4
합산점수_______ for V-l				
나는 산수를 좋아한다.	1	2	3	4
나는 과학을 좋아한다.	1	2	3	4
나는 문제해결을 잘하는 편이다.	1	2	3	4
나는 사물들이 어떻게 작동하는지에 대해 궁금해 한다.	1	2	3	4
나는 뭔가 새로운 것을 계획하거나 고안해 내는 것을 즐긴다.	1	2	3	4
나는 뭔가 답을 잘 찾는 편이다.	1	2	3	4
합산점수_______ for L-m				
나는 음악을 잘 듣는다.	1	2	3	4
나는 음악을 들을 때 손가락이나 발로 리듬을 탄다.	1	2	3	4
나는 리듬 감각이 있다.	1	2	3	4
나는 노래를 들으며 따라하는 것을 좋아한다.	1	2	3	4
사람들이 나에게 음악적 재능이 있다고 말한다.	1	2	3	4
나는 음악을 통해 내 생각을 표현하는 것을 좋아한다.	1	2	3	4
합산점수_______ for Mu				

지적 특성	거의 그렇지 않다	때때로 그렇다	자주 그렇다	항상 그렇다
나는 다른 사람들과 함께 과제를 수행하는 것을 좋아한다.	1	2	3	4
사람들은 고민해결을 위해 내게 도움을 요청한다.	1	2	3	4
나는 친구들과 함께하는 시간을 좋아한다.	1	2	3	4
나는 사람들의 마음을 잘 이해하는 편이다.	1	2	3	4
나는 사람들을 편하게 해 주는 편이다.	1	2	3	4
나는 다른 사람들을 돕는 것을 좋아한다.	1	2	3	4
		합산점수______ for Inter		
나는 생각을 위해 꽤 많은 시간을 필요로 한다.	1	2	3	4
나는 어떤 문제에 대하여 말하기에 앞서 충분히 생각한다.	1	2	3	4
나는 자기 개발에 관심이 있다.	1	2	3	4
나는 내 생각과 감정을 잘 알아차린다.	1	2	3	4
나는 내가 무엇을 원하는지 알고 있다.	1	2	3	4
나는 혼자 일을 하는 것을 좋아한다.	1	2	3	4
		합산점수______ for Intra		
나는 가능할 때는 언제든지 자연을 즐긴다.	1	2	3	4
나는 자연과 관련된 일을 하고 싶은 생각이 있다.	1	2	3	4
나는 식물, 동물 또는 바다에 대해 공부하는 것을 좋아한다.	1	2	3	4
나는 잠잘 때를 제외하고는 집 안에만 있는 것을 싫어한다.	1	2	3	4
나는 어렸을 때 곤충이나 나뭇잎 등을 가지고 놀았다.	1	2	3	4
나는 스트레스를 받을 때 숲, 바다 등 자연으로 가고 싶다.	1	2	3	4
		합산점수______ for N		

합산 점수가 높은 순서대로 나열해 보세요. ______________________________

나의 지적 특성 파악하기

Gardner의 정의에 따르면, 지능이란 문제를 해결할 수 있는 능력입니다. Gardner는 모든 사람들은 적어도 여덟 가지 지능을 지니고 있다고 보았습니다. 그리고 사람들마다 차이가 있어서 어떤 사람들은 특정 지능이 보다 잘 발달되어 있고, 또 어떤 사람들은 그렇지 못하다고 보았습니다. 자신에게 잘 발달되어 있는 부분과 그렇지 않는 부분을 파악하게 되면, 상대적으로 부족한 부분을 개발하기 위해 노력할 수도 있고, 앞으로 진로의 방향을 선택하거나 직업을 고려하는 데 참고가 될 수 있습니다. 여덟 가지 지능의 종류는 다음과 같습니다.

1 언어적 지능(verbal-linguistic intelligence)은 언어를 통해 의사소통할 수 있는 능력입니다(듣기, 읽기, 쓰기, 말하기 등).

2 논리-수리적 지능(logical-mathmatical intelligence)은 논리적 사고를 이해하고 문제해결할 수 있는 능력입니다(수학, 과학, 모형, 순서 등).

3 시・공간적 지능(visual spatial intelligence)은 공간적 관계성을 이해하고 형상(이미지)을 만들어 낼 수 있는 능력입니다(시각 예술, 그래픽 디자인, 설계, 지도 등).

4 신체-감각운동지능(bodily-kinesthetic intelligence)은 신체를 기술적으로 사용하고 신체 감각을 통해 지식을 얻을 수 있는 능력입니다(협응능력, 손재주 등).

5 대인관계적 지능(interpersonal intelligence)은 자신과 타인의 기분, 동기 및 감정 등에 주의를 기울이며, 다른 사람들과 효과적으로 관계를 맺는 능력입니다(사교적 활동, 협동 학습, 팀워크, 상담 등).

6 성찰적 지능(intrapersonal intelligence)은 자신의 행동과 내적 사고 및 감정을 이해하는 능력입니다(자의식, 자율성, 성찰력 등).

7 음악적 지능(musical intelligence)은 음을 이해하고 의미 있는 방식으로 창조해 낼 수 있는 능력입니다(음악에 대한 민감성, 음악 형식에 대한 이해, 작곡 등).

8 자연주의적 지능(naturalistic intelligence)은 자연과 환경에 대한 관심과 그 특성을 이해할 수 있는 능력입니다(자연에 대한 관심, 생태계의 균형, 환경오염 등에 대한 관심과 열정 등).

합산 점수가 가장 높은 두 가지가 여러분의 강점이 될 수 있습니다.

(4) 네 번째 거울 : 나의 습관 분석하기

습관이란 평소에 또는 어떤 순간에 취하기 쉬운 생활 패턴이나 행동을 말합니다. 습관에는 두 가지 종류가 있습니다. 좋은 습관은 삶에 좋은 영향을 주는 것입니다. 좋지 않은 습관은 삶의 목표에 방해가 되는 것입니다. 이제 자신의 습관에 대해서 생각해 보는 시간을 가지세요. 그들 각각의 긍정적인 측면과 부정적인 측면을 탐색해 보세요.

좋지 않은 습관을 극복하기 위한 방법이 여기 있습니다.

좋지 않은 습관을 변화시키는 방법

1. 자신의 습관에 대해서 솔직해진다.
2. 어떤 습관이 문제가 된다는 것을 깨닫는다.
3. 변화를 결심한다.
4. 오늘 바로 시작한다.
5. 한 번에 한 가지씩만 바꾼다.
6. 꾸준히 지속한다.
7. 실패했다고 해서 지나치게 낙담하지 않는다.
8. 잘 해 내는 자신의 모습에 대해 칭찬한다.

나의 습관 분석하기

내 용	긍정적 측면	부정적 측면

좋지 않은 습관을 바꾸기 위한 계획

하나, 바꾸고 싶은 순서대로 나열하세요.

둘, 어떻게 바꾸고 싶은지 정하세요.

셋, 한 주(또는 2주)에 한 가지씩 목표로 정하고 실천해 보세요.

좋지 않은 습관	어떻게 바꾸고 싶은가?

(5) 다섯 번째 거울 : 자신을 정확하게 보기

자신을 정확하게 본다는 것은 어려운 일입니다. 불행히도, 많은 사람들이 자신의 부정적인 측면에 집중하는 경향이 있습니다. 종종 그런 생각이 드는 것은 정상적입니다. 그러나 지속적으로 자신을 부정적으로 보는 것은 좋지 못한 결과를 가져올 수 있습니다. 자신을 부정적으로 보는 것은 장래의 목표 성취나 자아 실현을 방해하고, 결국은 그 부정적 예견을 현실로 만들 수도 있기 때문입니다.

예컨대, 여러분이 어떤 시험에 반드시 합격하지 못할 것이라고 예견한다면, 자신에겐 더 나은 기회가 없을 것이라고 단정짓기 쉽습니다. 그렇다면 아무래도 노력을 적게 할 것이고, 결국은 생각대로 될 가능성이 높아질 것입니다.

자신을 부정적으로 보게 만드는 것의 원인은 무엇일까요? 다음 페이지에 몇 가지 가능한 원인들이 제시되어 있습니다. 각각을 살펴보고 자신과 관련된 것은 어떤 것인지를 생각하고 이야기해 보세요.

자신을 부정적으로 보게 만드는 원인

________ 비판적인 부모님이나 권위자

우리는 부모로부터 또는 선생님으로부터 야단을 맞고 비판을 받기도 합니다. 그러나 반복적으로 부정적인 말만 듣고 칭찬을 받지 못하면 알게 모르게 자신이 들었던 말을 사실로 믿게 됩니다.

________ 비현실적인 기대–완벽주의 스타일

사람들은 자신에 대하여 지나치게 많은 기대를 하는 경우가 있습니다. 완벽하게 그 기대에 맞추어 살지 못하면, 그것 자체를 실패라고 생각하고 자신에 대해 부정적인 생각을 갖게 됩니다. 이것을 완벽주의라고 합니다.

________ 비현실적인 기대–몽상가 스타일

비현실적 기대의 또 다른 형태는 노력을 하지 않고 꿈만 꾸는 사람입니다. 이런 사람들을 우리는 몽상가라고 합니다. 꿈을 꿀 때는 좋지만, 현실로 돌아오면 더 큰 허탈감과 실패감을 맛볼 수 있습니다.

________ 나태하고 성실하지 않은 생활

인생을 살아가는 데 있어서는 상당한 책임과 성실함이 필요합니다. 쉽게 말하면, 노력 없이 이룰 수 있는 일은 거의 없습니다. 복권에 당첨되기를 바라는 마음으로 주어진 책임을 성실하게 이행하지 않으면 패배감에 빠지고 능력 발휘의 기회는 제한될 수밖에 없습니다.

________ 대중매체의 영향

대중매체는 흔히 멋지게 보이고 행동하며, 일하는 사람들의 표본을 보여 주는 경우가 많습니다. 만약 여러분이 그들과 자신을 비교하게 되면 예외 없이 자신을 그들보다 못한 사람으로 여기게 됩니다. 현실적인 기준이 아닌 이상화된 기준을 갖게 되면, 자신의 있는 그대로의 모습을 받아들이기 어렵습니다.

진실한 나를 찾기 위한 여행

첫 번째 장소 : 믿음의 마을

믿음의 마을에서는 모든 것들이 진실입니다.
실수도, 마음에 없는 거짓말도, 화풀이도, 게으름도, 신경질도, 싸움도 모두 진실입니다.
왜냐하면 우연히 일어나는 행동이란 없으며, 모든 행동들에는 까닭이 있기 때문입니다. 따라서 믿음의 마을에서는 드러나는 행동으로 그 사람을 평가하지 않으며, 그 행동 뒤에 자리잡고 있는 이유에 대해 관심을 기울입니다.
믿음의 마을에서는 이렇게 말합니다.
"여러분 자신을 믿으세요. 자신을 믿지 못하면, 다른 사람들이 여러분을 믿는 것은 더욱 어렵습니다. 자신에 대해 부정적으로 말하는 것을 그치고, 여러분이 갖고 있는 능력과 잠재력을 믿으세요. 그리고 목표를 세우고, 그 목표를 이루기 위해 노력하세요. 마음과 의지의 힘이 얼마나 강력한지 여러분은 아십니까?"

1 여러분은 자신을 얼마나 믿고 있나요?

2 부모님들은 여러분을 얼마나 믿고 계시나요?

3 자신에게 믿음을 주는 사람들을 적어 보세요. 그리고 어떤 점 때문에 믿음이 가는지 이야기해 보세요.

4 자신을 믿고 있는 사람들을 적어 보세요. 어떤 점 때문에 그 사람들이 여러분을 믿는 것 같은지 이야기해 보세요.

두 번째 장소 : 사색의 마을

사색의 마을에서는 누구든 혼자 있고 싶어하는 마음을 존중합니다.
자기만의 동굴 혹은 아지트로 찾아들어가 조용히 머물고 싶어하는 그 마음을 이해합니다. 평화로운 숲속에 드문드문 자리잡고 있는 자그만한 별장엔 난로를 피울 수 있는 땔감이 있고, 배고프지 않도록 약간의 먹거리가 준비되어 있으며, TV나 인터넷은 없지만 음악을 들을 수 있는 작은 구형 라디오와 함께 읽을 수 있는 몇 권의 책과, 포근한 담요가 놓여 있습니다.
사색의 별장 한쪽 벽면에는 다음과 같은 글귀가 적혀 있습니다.
"세상은 때때로 여러분과 여러분의 삶을 흔들고 혼란스럽게 합니다. 그렇다 할지라도 여러분의 맑은 마음, 여러분 자신, 여러분의 소망과 꿈은 늘 그 자리에 있습니다. 여기서 그것을 찾아 안고 돌아가시길…"

1 여러분은 힘들 때 주로 어떻게 하나요?

2 혼자 있고 싶어질 때는?

3 혼자 있는 시간에 자주 하는 생각은?

4 그 생각은 고민 해결에 어떤 영향을 미치나요?

세 번째 장소 : 동행의 마을

동행의 마을에서 만나는 모든 이들은 이내 친구가 될 수 있습니다. 아니, 때로는 가족이나 연인이나 스승과 같은 존재가 되어 주기도 합니다. 그러나 그렇게 되기 위해서는 '말을 건네야 합니다.' 이 마을의 주민증 취득 조건이 바로 '대화'이니까요.

말없이 울거나, 화내거나, 짜증을 내거나, 말썽을 일으키면 비록 주민들이 걱정어린 눈으로 여러분을 바라볼 수는 있지만, 대화를 나눌 수는 없습니다.

동행하기 위해서는 무조건 돌봄을 받고 이해받으려 하면 어려움이 생깁니다. 물론, 말을 할 수 없는 갓난아이나 장애를 갖고 있는 경우는 예외이지만 말이죠.

동행의 마을 곳곳에서는 이런 대화가 끊이지 않습니다.

"내가 어제 친구 차돌이와 싸웠는데, 그것 때문인지 학교에 가기가 싫어요."

"성적이 떨어져서 고민이야. 왜 노력해도 안 될까?"

"인터넷을 하다보면 자꾸 어떤 유혹에 빠져요. 어떻게 해야 하지요?"

"부모님 때문에 정말 짜증나. 얼굴만 보면 공부타령이야."

동행의 마을에는 둘씩 셋씩 모여 앉은 사람들의 도란도란 이야깃소리가 끊이지 않습니다.

1 힘들 때 주로 고민을 나누는 사람은 누구인가요? 그 사람은 어떤 특성을 지녔는지 이야기해 보세요.

2 친구가 여러분에게 고민을 이야기할 때 어떤 기분이 드는지 이야기해 보세요.

3 자신의 생각과 느낌을 말로 잘 표현할 수 있나요?

4 '공감' 의 말뜻에 대해 생각해 보고, 주변 사람들과 대화를 나누면서 공감을 실천해 보세요.

네 번째 장소 : 분석의 마을

분석의 마을은 믿음의 마을 바로 옆인 넓고 깊은 숲 한가운데 위치해 있습니다. 숲이 매우 넓고 깊기 때문에 자칫 길을 잃거나 찾아가기 어려울 수도 있습니다. 그러나 믿음의 마을을 찾아가거나 동행의 마을 주민과 함께 하면 어려움 없이 그곳으로 갈 수 있습니다.
분석의 마을에서는 세상의 모든 어려움과 고민거리가 삶의 주제입니다. 그 현상에 대해 관심을 갖고 또한 그 기원에 대해 탐색합니다. 그리고 해결책을 함께 모색합니다.
얼마 전 한 청년이 자살시도를 했습니다. 그리고 동행의 마을을 거쳐 분석의 마을에 왔습니다. 청년은 매우 초췌한 모습이었으나, 동행의 마을에서 머무는 동안 그래도 기운을 차렸습니다. 그렇지만 이내 눈물이 솟구치고 슬픔에 잠을 못 이루어 분석의 마을로 안내되었습니다.
분석의 마을에 있는 동안 청년은 자신의 슬픔에 대해 깨닫기 시작했습니다. 얼마 전 청년은 사랑하는 연인과 헤어졌습니다. 연인과 만나고 헤어지는 일은 우리가 살면서 몇 번씩 겪을 수 있는 일입니다. 그러나 그 슬픔이 폭풍처럼 거세었던 것은 어린 시절 사고로 인해 부모를 잃고 세상에 혼자 남게 된 다섯 살 소년의 아픔이 되살아났기 때문입니다.

청년은 분석의 마을 주민과 함께 부모님을 떠나보내는 작은 의식을 치뤘습니다. 다섯 살 소년의 모습 그대로 울부짖고, 몸부림치며, 슬퍼하고, 신을 원망하고, 떠나버린 부모를 원망도 했습니다. 어찌되었든, 어린 소년을 이 세상에 홀로 남겨 두었기 때문입니다.
이후 청년은 25세의 늠름한 모습으로 세상을 향해 나갔습니다. 넓고 깊은 분석의 마을이 이제는 한눈에 들어왔습니다.

1 지금까지 생활해 오면서 자신에게 영향을 주었던 주요 사건들을 세 가지만 이야기해 보세요. 말하기 곤란한 내용이라면 마음속으로만 떠올려 보아도 괜찮습니다.

2 그것이 현재의 생활에 어떤 영향을 미치는지 생각하고 이야기해 보세요.

3 현재 학교, 공부, 친구, 부모님과의 관계에서 스트레스를 받고 불편이 있다면 어느 정도인지 점수를 매겨 보세요(0점 : 전혀 힘들지 않다, 10점 : 매우 힘들다).

4 6점 이상이라면, 믿을 수 있는 분들에게 도움을 청하세요. 필요한 순간에 도움을 청하는 것은 성숙하고 용기 있는 모습입니다.

자화상 그리기

이제, 자화상을 그려 볼 차례입니다. 자신을 비춰 주는 다섯 개의 거울, 진실한 나를 찾기 위한 여행담을 통해 다시금 생각하고 깨닫게 된 자신의 모습을 그려 보세요.

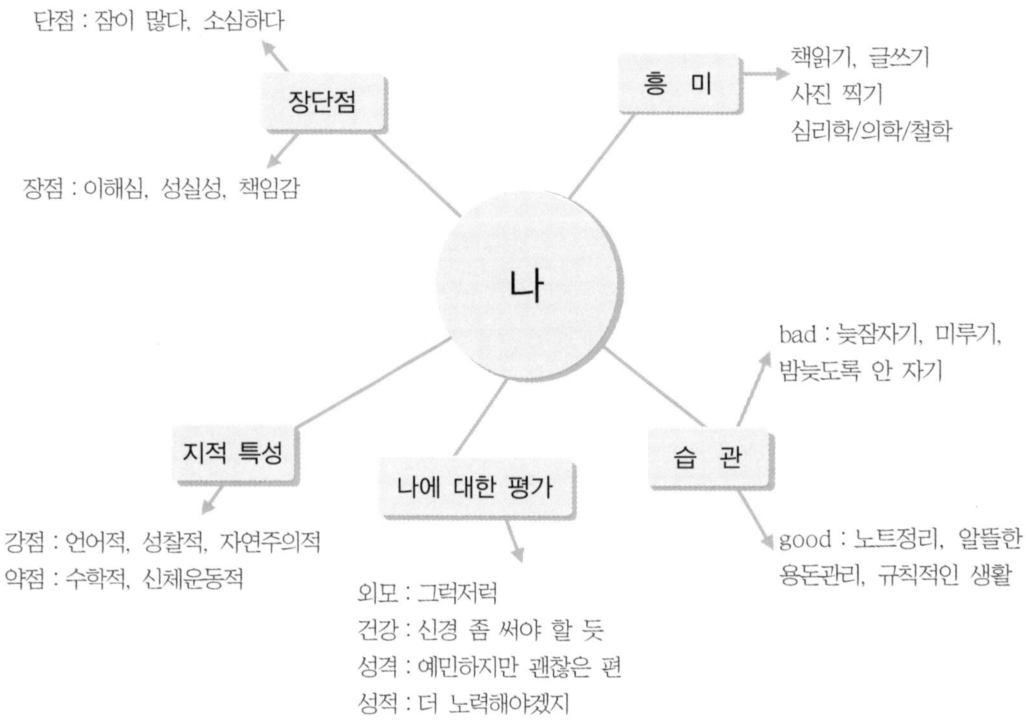

나 자신에 대해 다소 부정적으로 본다는 것을 알았다. 완벽주의적 경향도 있고, 실제로 다소 게으르기 때문이기도 한 것 같다. 힘든 일이 있을 때 난 주로 사색의 마을로 가는 타입인 듯싶다. 나 자신에 대한 믿음이 다소 부족한 것은 아닐까? 분석의 마을로 한번 떠나보고 싶다.

나

저자약력

■ **최정원**

성심여자대학교 심리학과 학사
가톨릭대학교 대학원 심리학과 석사
가톨릭대학교 대학원 심리학과 박사과정
가톨릭대학교 학생생활상담소 상담 및 임상 인턴과정 수료
계요병원 신경정신과 임상심리전문가 수련
중앙 길병원 신경정신과 임상심리전문가 수련
한국발달심리연구소 연구원
한림인지학습연구원 임상심리전문가
(현) 임상심리연구소 학습과 사랑 대표

[저서 및 논문]
학습효율성증진 프로그램(한국발달심리연구소, 2003)
학습기술개입에 관한 개관(학생생활상담, 2002)외

■ **이영호**

서울대학교 심리학과 학사
서울대학교 대학원 심리학과 석사
서울대학교 대학원 심리학과 박사
서울대학교병원 신경정신과 임상심리전문가 수련
임상심리전문가
정신보건임상심리사 1급
한국임상심리학회 회장 역임
(현) 가톨릭대학교 사회과학부 교수

[저서 및 논문]
K-WAIS 실시요강(공저, 한국가이던스, 1992)
심리학-인간의 이해(공저, 학지사, 1996)
임상심리학입문(역서, 학지사, 2001)외 다수

학생용 워크북

학습치료 프로그램
학습동기 향상 전략 ①

2006년 8월 30일 1판 1쇄 발행
2019년 6월 20일 1판 9쇄 발행

지은이 • 최정원 · 이영호

펴낸이 • 김 진 환

펴낸곳 • (주) 학지사
04031 서울특별시 마포구 양화로 15길 20 마인드월드빌딩 5층

대표전화 • 02) 330-5114 팩스 • 02) 324-2345

등록번호 • 제313-2006-000265호

홈페이지 • http://www.hakjisa.co.kr
페이스북 • https://www.facebook.com/hakjisabook

ISBN 978-89-5891-351-7 94370
978-89-5891-350-9 (set)

정가 6,000원

학습치료 프로그램 시리즈

[학생용 워크북] 학습동기 향상 전략 ①

갑 6,000원

학습동기 향상 전략은 학습에 필요한 마음과 동기를 증진시키는 것을 통해 학업수행능력을 향상시키는 것을 목표로 한다. 목표 및 가치의 인식, 학습동기를 위한 실천 방안, 자기 이해의 장으로 구성되어 있다.

[학생용 워크북] 주의집중력 향상 전략 ②

갑 6,000원

주의집중력 향상 전략은 주의집중 문제의 평가, 집중을 어렵게 하는 요인들의 탐색, 주의집중력 향상을 위한 실천 계획 및 전략 훈련을 통해 주의집중력을 향상시키는 것을 목표로 한다.

[학생용 워크북] 기억력 향상 전략 ③

갑 6,000원

기억력 향상 전략은 효과적인 기억 방법을 통해 학습 내용을 보다 잘 이해하고 기억할 뿐 아니라, 학습에 필요한 일반적인 사고능력을 향상시키는 것을 목표로 한다. 주요 내용은 학습 준비와 기억 전략 실습으로 구성되어 있다.

[학생용 워크북] 효과적인 읽기 및 필기 전략 ④

갑 6,000원

효과적인 읽기 및 필기 전략은 읽기를 위한 준비활동과 핵심 찾기, SQRW를 포함하는 읽기 및 필기 전략 훈련을 통해 학습 내용에 대한 이해와 깊이를 더하고 기억 및 조직화 능력을 향상시키는 것을 목표로 한다.

[학생용 워크북] 사고력 향상 전략 ⑤

갑 6,000원

사고력 향상 전략은 생각의 폭과 깊이를 더해 줌으로써 학습능력과 일반적인 문제해결능력을 향상시키는 것을 목표로 한다. 사고력의 개념 이해, 창의적·논리적·비판적 사고를 증진시키기 위한 전략 및 언어적 추론능력 향상으로 구성되어 있다.

[학생용 워크북] 효과적인 외국어 학습 전략 및 수학적 문제해결 전략 ⑥

갑 6,000원

외국어 학습 전략의 목표는 학습 내용을 이해, 저장 및 기억하는 데 필요한 효과적인 학습 방법을 통해 외국어 학습능력의 발달을 돕고자 하는 것이다. 주요 내용은 외국어 학습 전략 살펴보기, 효과적인 외국어 학습 전략의 실제로 구성되어 있다. 수학적 문제해결 전략은 자기 점검 활동과 단계적인 문제해결을 향상시키는 것에 초점을 맞추었으며, 수학적 태도 점검 및 수학능력 향상을 위한 실천 원리, 논리적·탐구적 활동을 통해 수학과 친해지기, 초인지적 수학능력 향상을 위한 ISLAND 전략이 있다.